BOSC

École p

Cahier d'écriture n°1

Écrire les lettres

Gérard Sansey

Avant-propos

Le cahier se compose de six pages de graphismes préparatoires au tracé des lettres proprement dites. Ces graphismes préparent à la fois à l'écriture des lettres minuscules et majuscules, en écriture ronde attachée.

Sur chaque page, une ou deux lignes sont en interligne 3 mm. Ces modèles peuvent faire l'objet d'un exercice différé pour les utilisateurs précoces (à savoir les enfants arrivant en deuxième partie de l'année de grande section de maternelle – à partir de février ou mars) jusqu'à la fin de l'année du cours préparatoire.

De la même façon, sur chaque page, les graphismes faisant intervenir d'autres lettres que celles étudiées (surtout au début) pourront être effectués par l'enfant après avoir appris à tracer ces autres lettres.

Le tracé de chaque lettre ou majuscule fait référence au(x) tracé(s) préparatoire(s) qui la composent, éventuellement accompagné(s) de compléments particuliers.

Il sera important de veiller à la bonne tenue du crayon (ou stylo), entre trois doigts (pouce, index, majeur), et d'entraîner l'enfant à délier les mouvements de ses doigts et de son poignet tout au long de l'apprentissage (faire des va-et-vient du stylo d'avant en arrière avec la seule flexion-extension des trois doigts).

On veillera également à ce que l'enfant adopte une position correcte pour écrire (épaules en arrière, dos droit, tête assez haute) : des mouvements précis sont produits par les doigts non par le coude ou l'épaule.

Gérard Sansey

Illustration de couverture : Axelle Vanhoof
Illustrations intérieures : François Garnier

170 bis, boulevard du Montparnasse, 75680 Paris cedex 14

ISBN 979-10-358-0939-3

Tracés

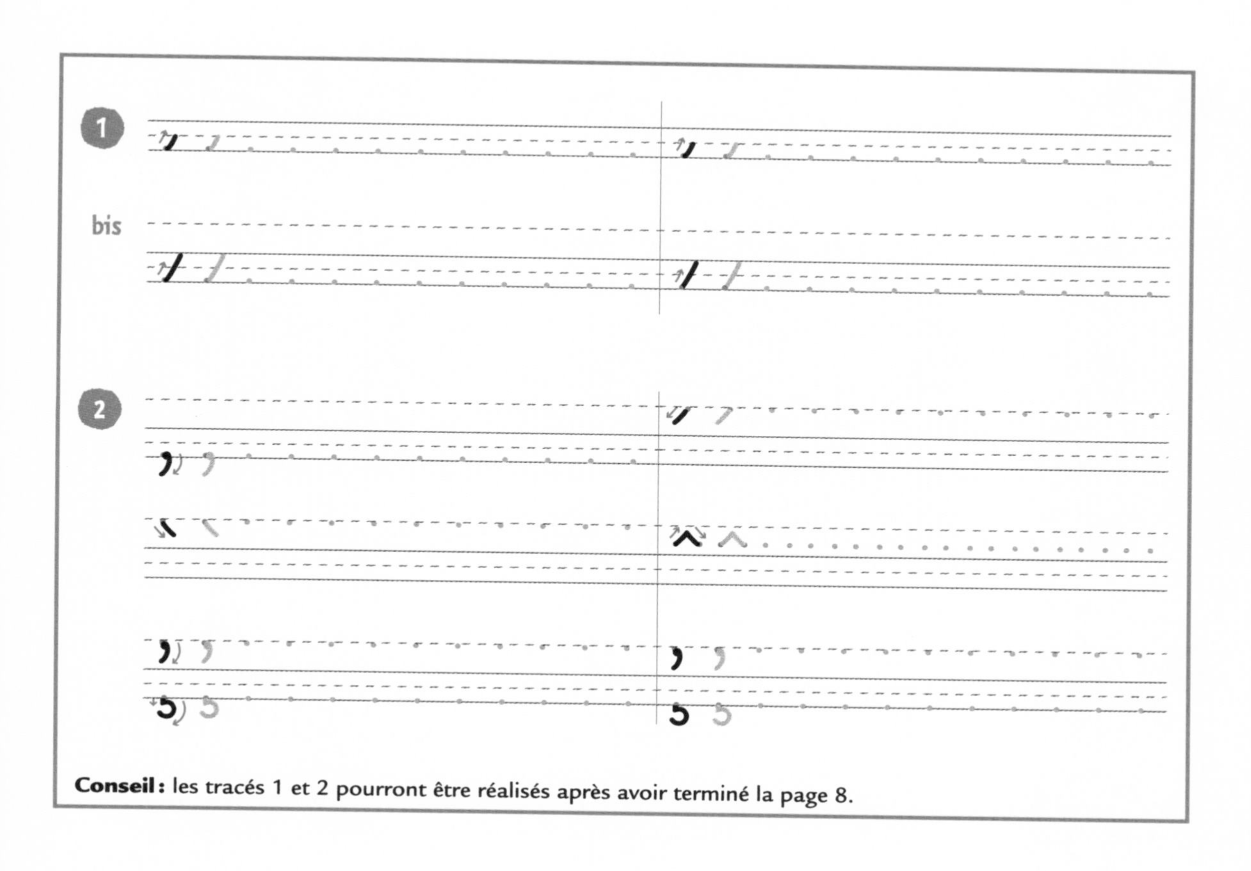

Conseil : les tracés 1 et 2 pourront être réalisés après avoir terminé la page 8.

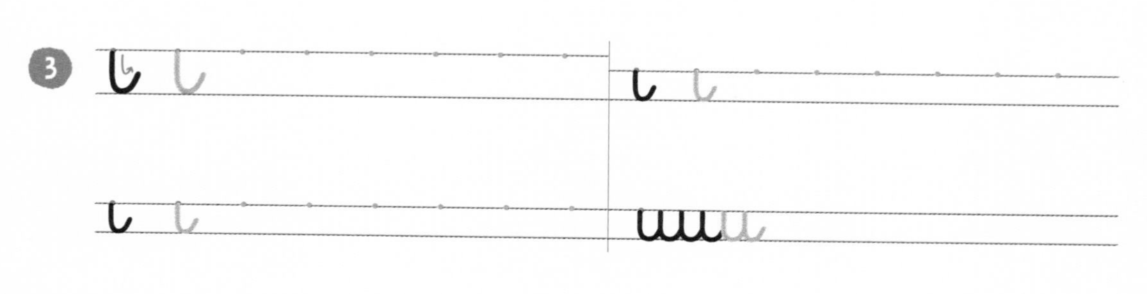

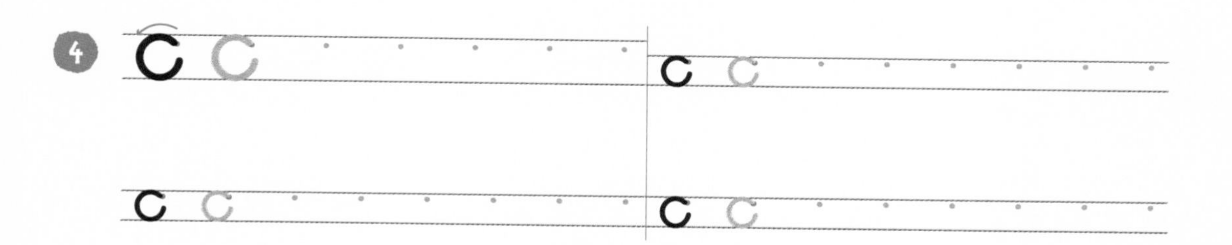

Tracés

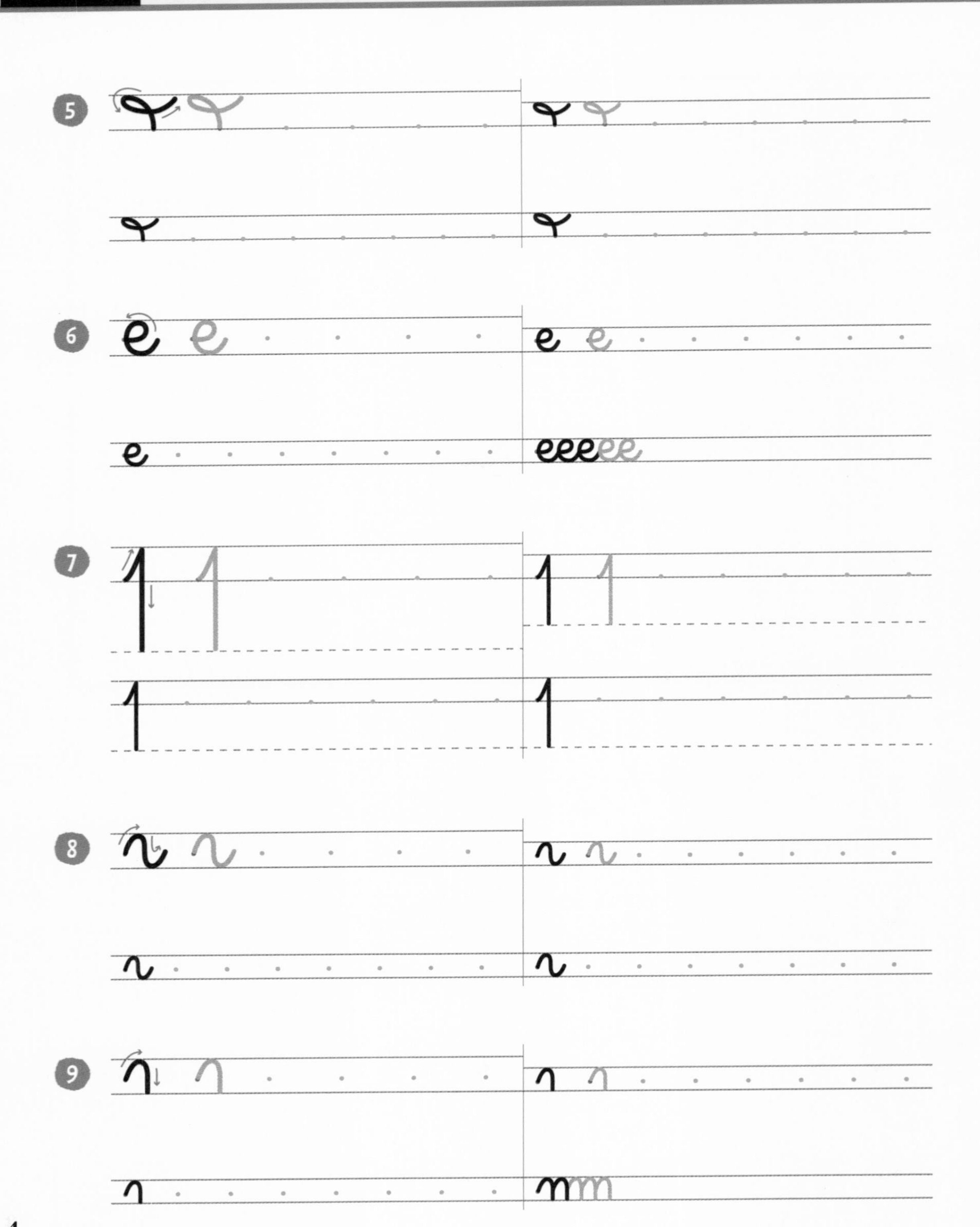

Tracés

Tracés

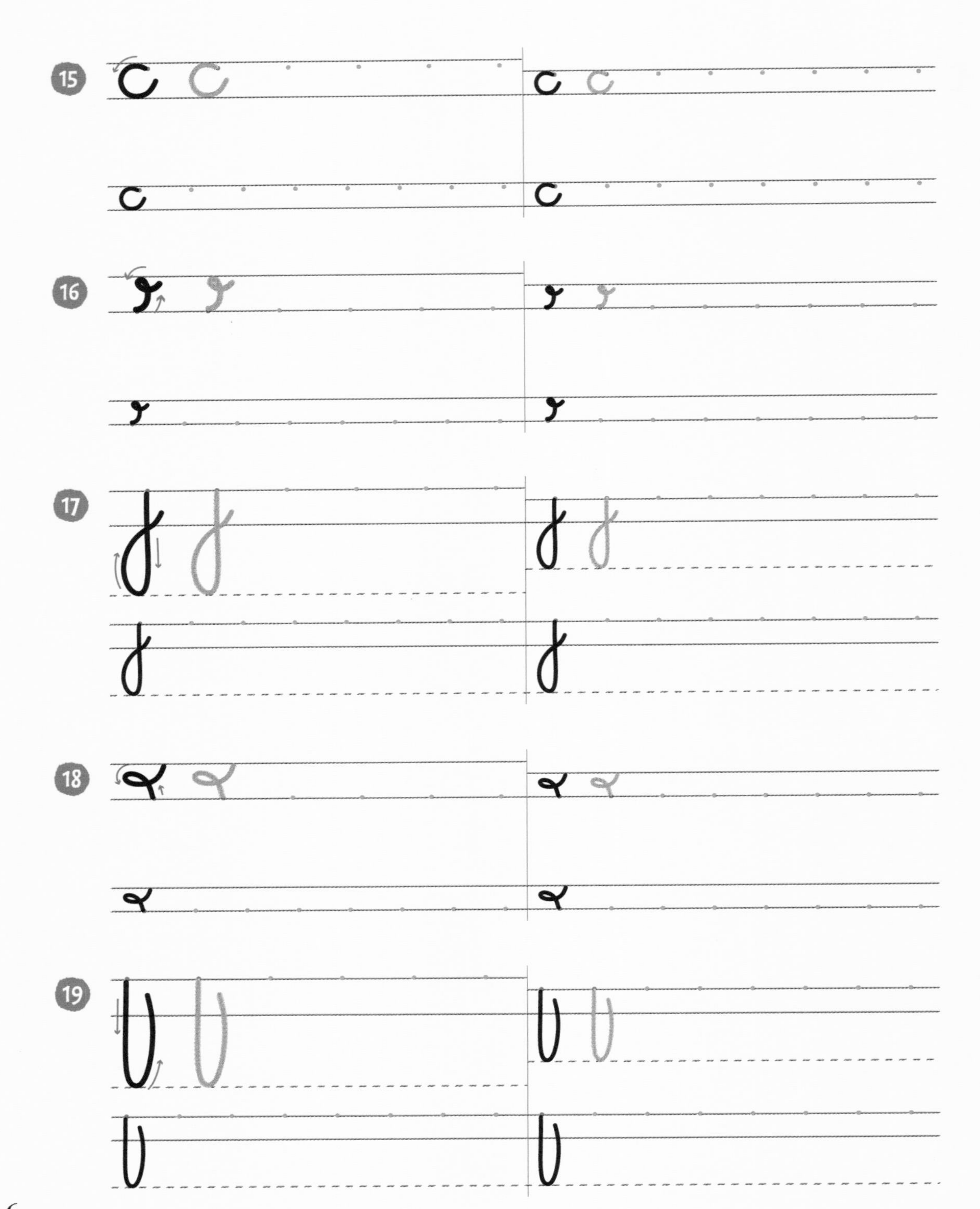

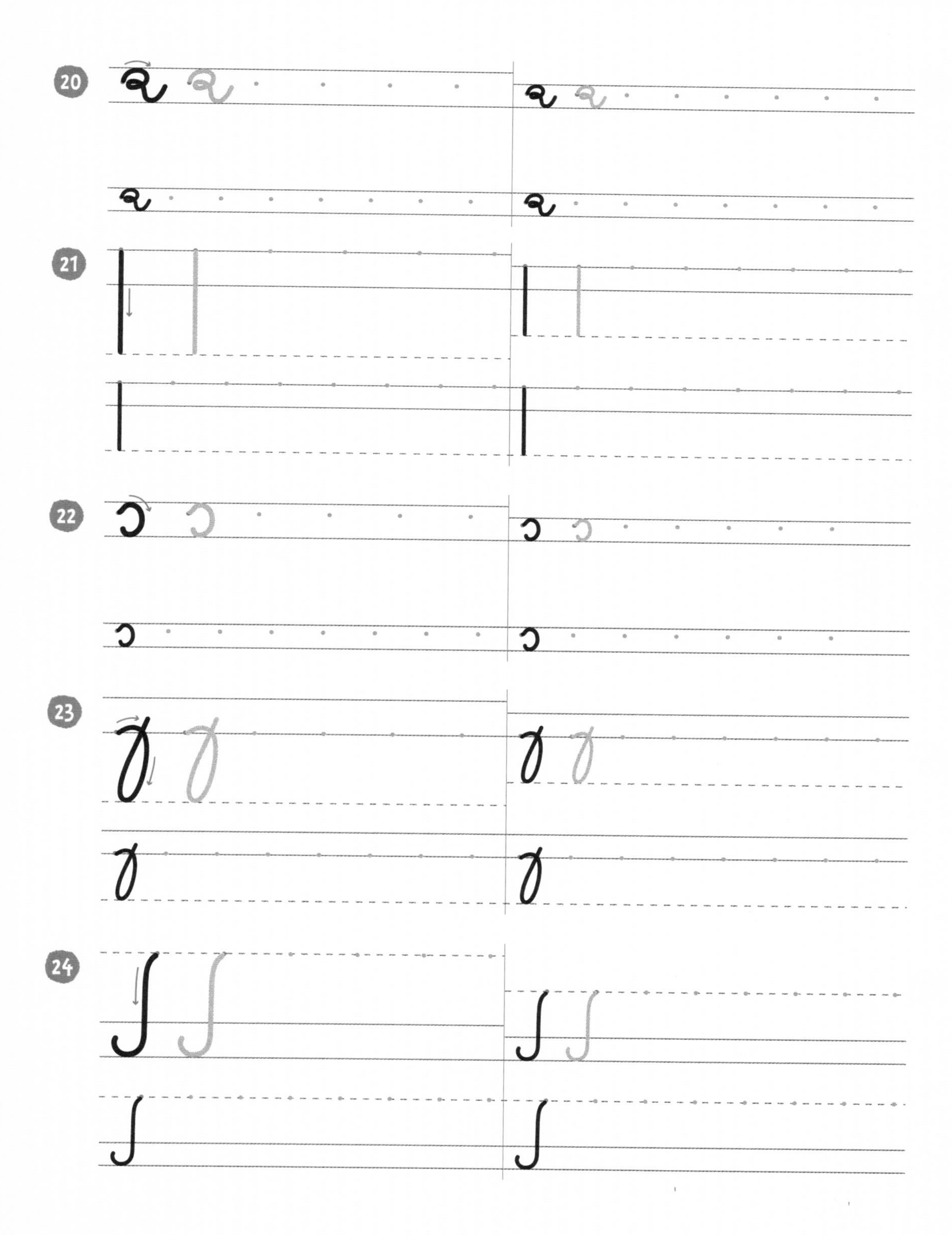

20

21

22

23

24

Tracés

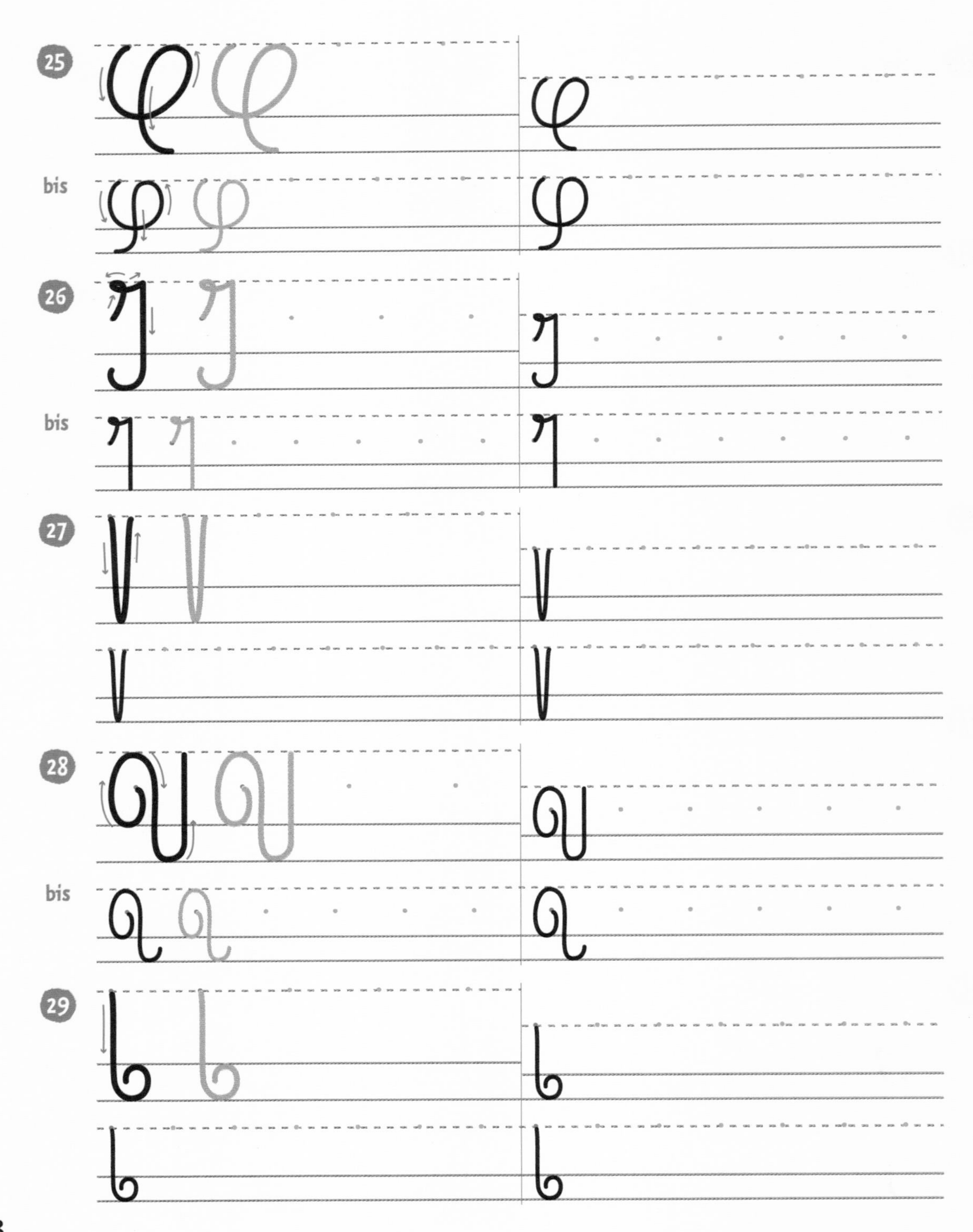

▶ MÉTHODE BOSCHER p. 4

La lettre *i* se trace en 1 mouvement.

Tracés

1 bis + 3 = *i*

Majuscule : 1 mouvement.

Tracé 26

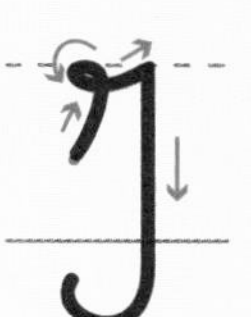

i

i

i *i*

i *i*

ie *io*

in *ir*

I

Is *Ir*

Il *Irène*

▶ MÉTHODE BOSCHER p. 4

■ La lettre u se trace en 2 fois.

Tracés

1 bis + 3 - 3 = u

■ Majuscule : 1 mouvement.

Tracé

28

u u

u

u

u

u

u

ui

un

ue

uo

U U

U

U

U

Un

Utile

MÉTHODE BOSCHER p. 5

La lettre o se trace en 2 mouvements.

Tracés

1 + 4 - 5 =

Majuscule : 1 mouvement.

o

o

o | o

o | o

oi | on

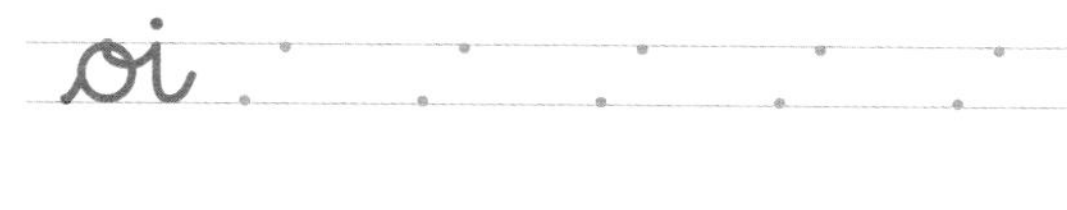

oe | or

Ou | On

Odile | Otto

▶ MÉTHODE BOSCHER p. 5

La lettre a se trace en 3 mouvements.

Tracés

1 4 3

Majuscule : 3 mouvements.

Tracé

24

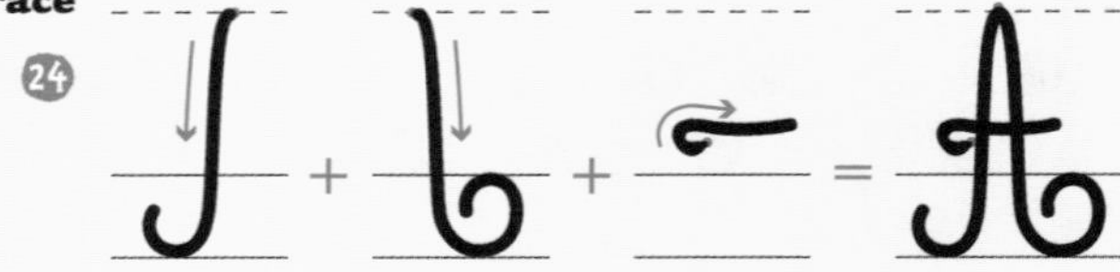

a

a

a a

a a

ai ao

au an

A A

Au Ai

Annie Ali

▶ MÉTHODE BOSCHER p. 6

■ La lettre e se trace en 1 fois. ■ Majuscule : 1 mouvement.

Tracés

1 + 6 = e

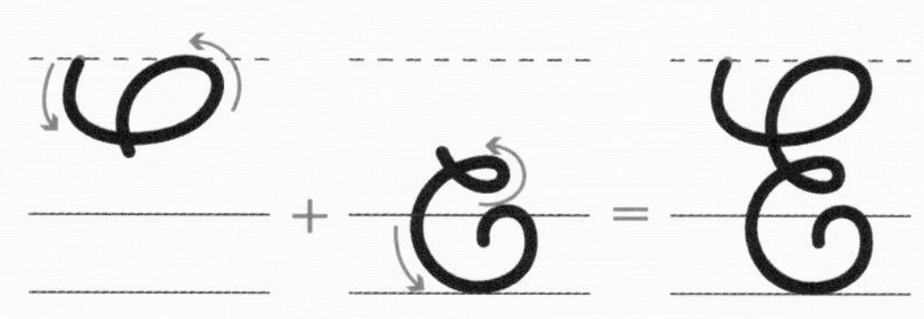

e

è

ê

e e

ei eu

en er

E E

Eva Et

Eric Emilie

▶ MÉTHODE BOSCHER p. 7

■ La lettre p se trace en 2 mouvements. ■ Majuscule : 2 mouvements.

Tracés 7 + 8 =

Tracé 24

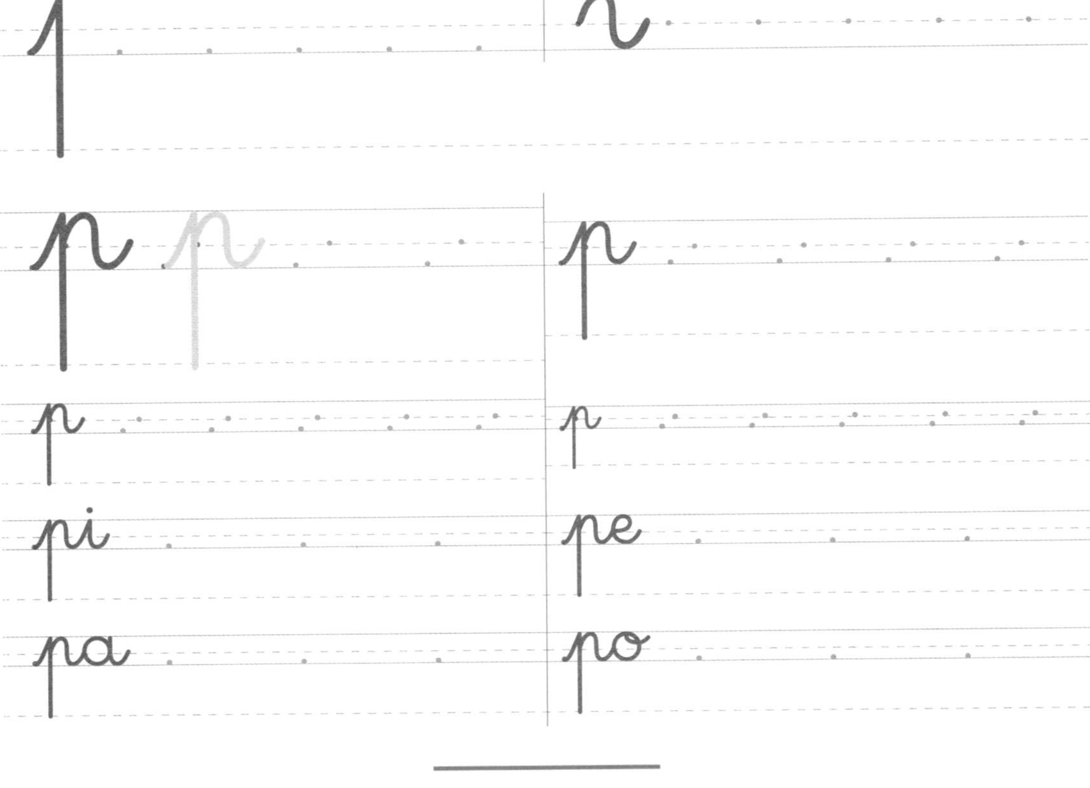

pi pe pa po

P Po Pu Papi Pépé

▶ MÉTHODE BOSCHER p. 8

La lettre t se trace en 3 fois.

Tracés

1 bis 10 barre

Majuscule : 1 mouvement.

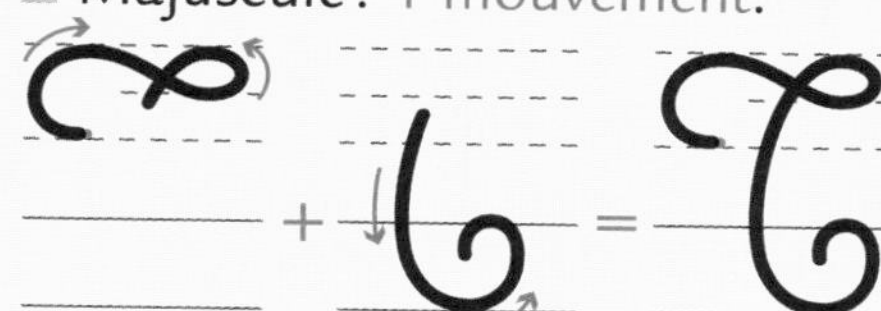

t t

ta te

ti tr

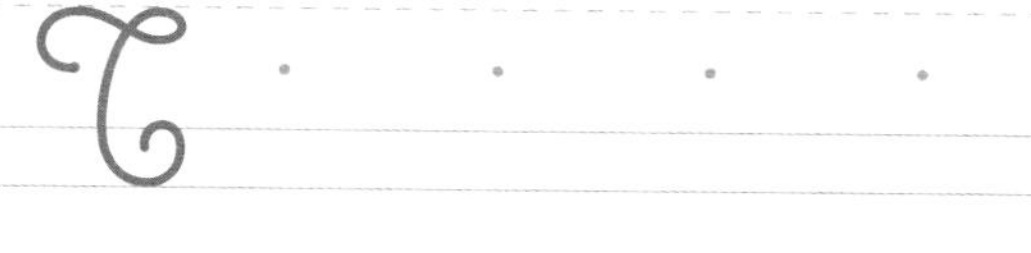

Tu To

Tom Teddy

▶ MÉTHODE BOSCHER p. 9

■ La lettre r se trace en 1 fois.

Tracés

⑪ + ⑫ = r

■ Majuscule : 2 mouvements.

Tracé

㉔

r r

r

r | r

r | r

ra | ri

re | ru

R R | R

Rai | Raé

René | Rémi

n. N. m. M.

▶ MÉTHODE BOSCHER p. 10-11

■ Les lettres n et m se tracent en 1 mouvement.

Tracés

9 8 9 8 = n = m

■ Majuscule : 2 mouvements.

Tracés

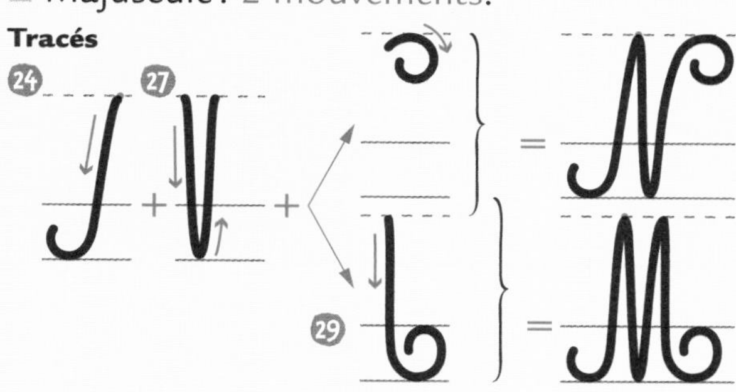

n n m m

n m

n m

no mi

nu me

N N M M

No Ma

Noël Mamie

▶ **MÉTHODE BOSCHER** p. 12

La lettre  se trace en 1 mouvement.

Tracés

Majuscule : 1 mouvement.

Tracé

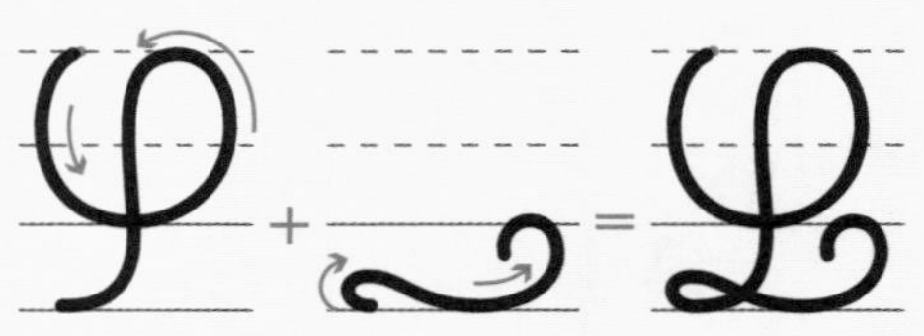

▶ MÉTHODE BOSCHER p. 13

La lettre c se trace en 2 fois.

Tracés

Majuscule : 1 mouvement.

Tracé

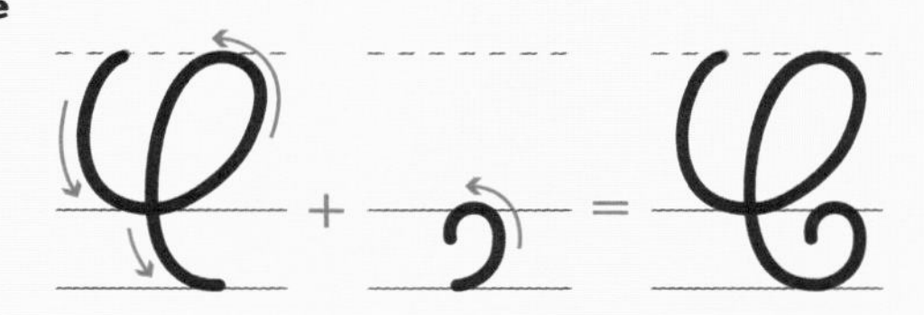

c c

ç

c | c

c | c

ca | co

cl | cr

C C | C

Cr | Ca

Corinne | Caroline

▶ MÉTHODE BOSCHER p. 14

■ La lettre  se trace en 3 fois.

Tracés

■ Majuscule : 1 mouvement.

c l

d d d

d d

di dê

do dr

D D D

Don Du

Dédé Denis

v. V. w. W.

▶ MÉTHODE BOSCHER p. 15

Les lettres v et w se tracent en 1 mouvement.

Tracés

Majuscule : mêmes mouvements amplifiés.

Tracé

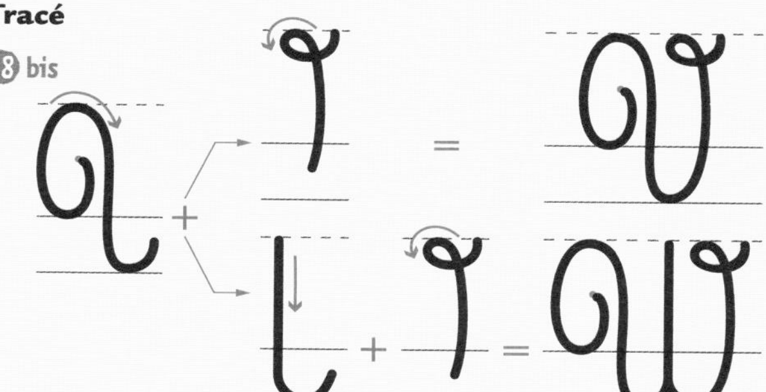

v w

ve wa

vr wi

V W

Va Wi

Valérie Wilfried

▶ MÉTHODE BOSCHER p. 16

■ La lettre s se trace en 1 fois.

Tracés

11 + 14 = s

■ Majuscule : 1 mouvement.

Tracé

25 bis

s

s

s s

s s

sa se

so si

S S

Su Sa

Solène Saône

▶ MÉTHODE BOSCHER p. 17

La lettre b se trace en 1 mouvement.

Tracés

Majuscule : 2 mouvements.

Tracé

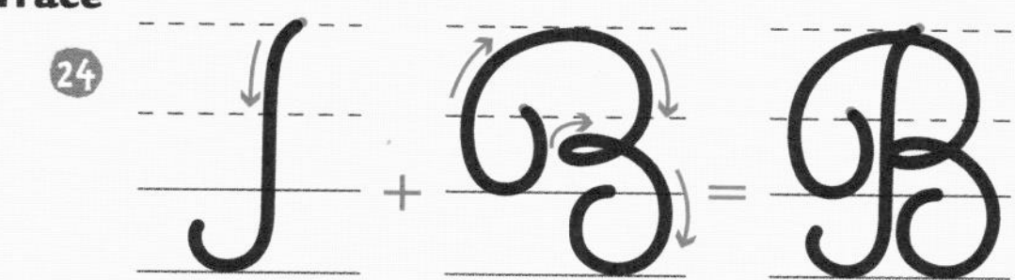

▶ MÉTHODE BOSCHER p. 18

■ La lettre f s'effectue en 1 mouvement.

Tracés

13 + 19 + 18 =

■ Majuscule : 3 mouvements.

Tracé

24 + =

▶ MÉTHODE BOSCHER p. 19

La lettre j se trace en 1 mouvement.

Tracés

1 bis + 17 =

Majuscule : 1 mouvement.

Tracés

26 bis + 17 =

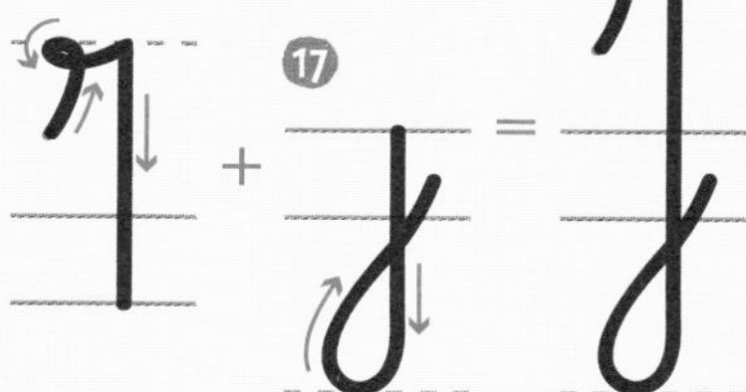

▶ MÉTHODE BOSCHER p. 20

La lettre g se trace en 3 fois.

Tracés

1 4 17

c + j = g

Majuscule : 1 mouvement.

Tracés

25

\+ 17

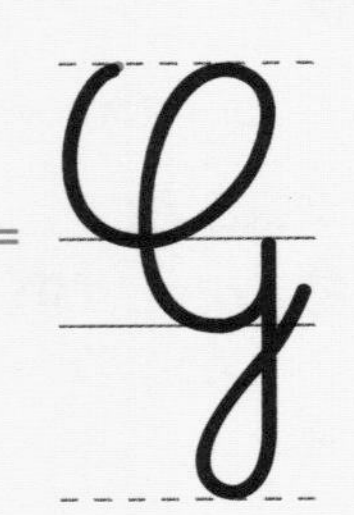

c c j j

g g g

g g

go ga

gu ge

G G G

Ge Gu

Guy Gaston

h. H.

▶ MÉTHODE BOSCHER p. 21

La lettre h se trace en 1 mouvement. Majuscule : 2 mouvements.

Tracés 13 8 l + r = h

Tracé 26 J + H + I = H

l l

r r

h h

h

h

h

ha

ho

hi

hé

H H

H

Hep

Hop

Henri

Hélène

▶ MÉTHODE BOSCHER p. 43

■ La lettre x se trace en 2 fois.

Tracés

22 ɔ + 15 c = x

■ Majuscule : 1 mouvement.

x

xi xa

xe xé

X

Xe Xi

Xavier Xanthi

► MÉTHODE BOSCHER p. 43

La lettre z se trace en 1 fois.

Tracés

11 + 12 bis + 23 = z

Majuscule : 2 mouvements.

Tracé

26

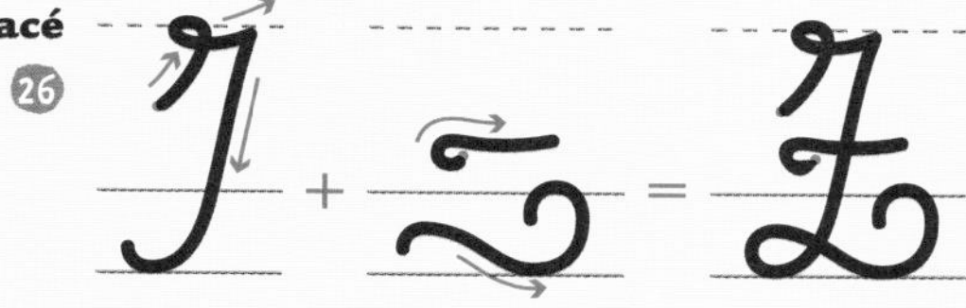

z z

z z

z z

z z

ze zi

zu za

Z Z

Z

Zu Zè

Zoé Zoo

▶ MÉTHODE BOSCHER p. 48

■ La lettre y se trace en 1 fois. ■ Majuscule : 1 mouvement.

Tracés 8 + 17

Tracé 28

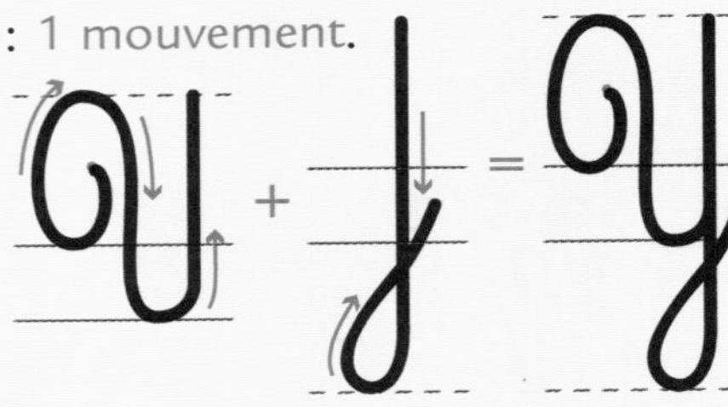

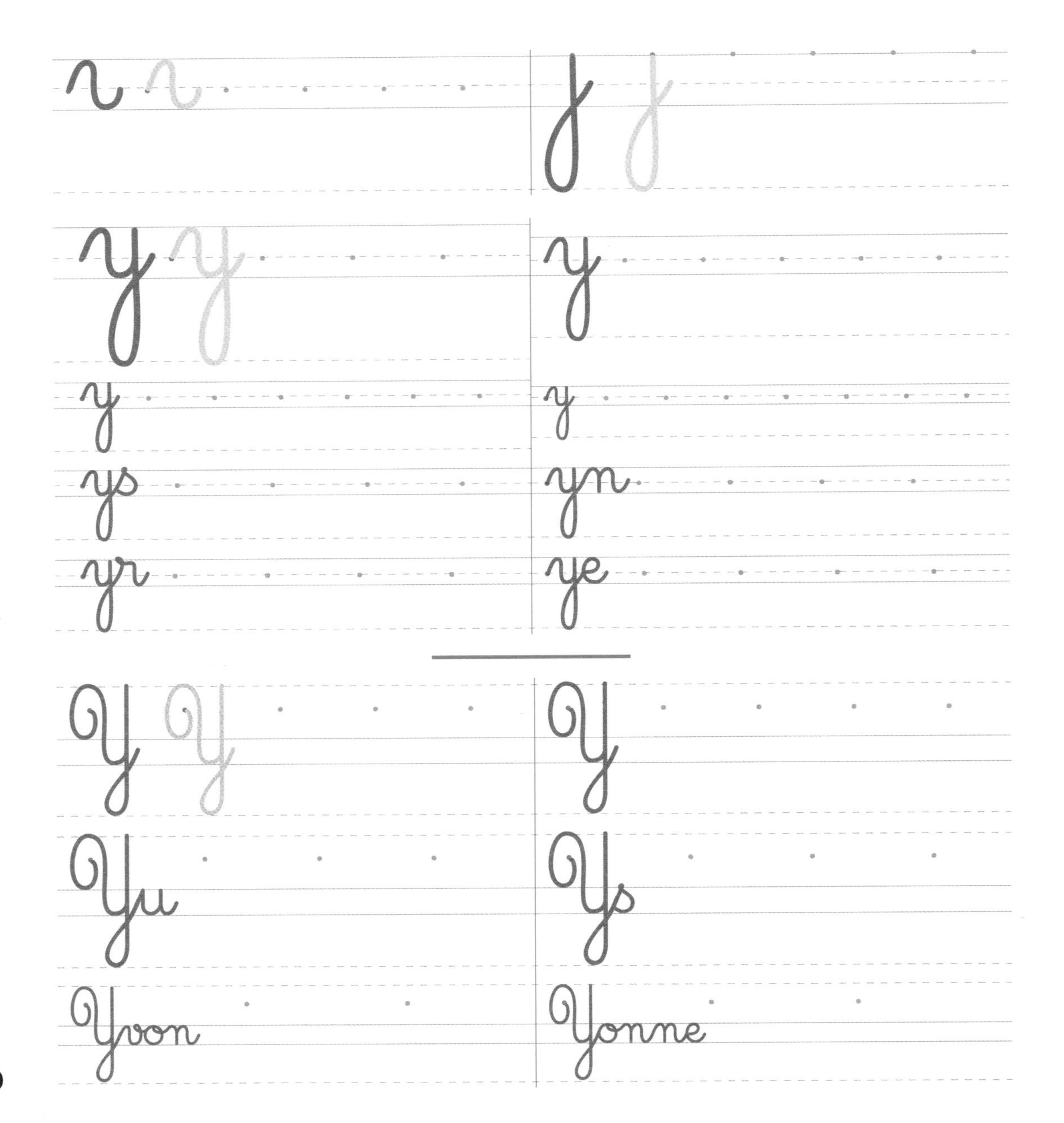

▶ MÉTHODE BOSCHER p. 51

La lettre k se trace en 1 mouvement.

Tracés

Majuscule : 2 mouvements.

Tracé

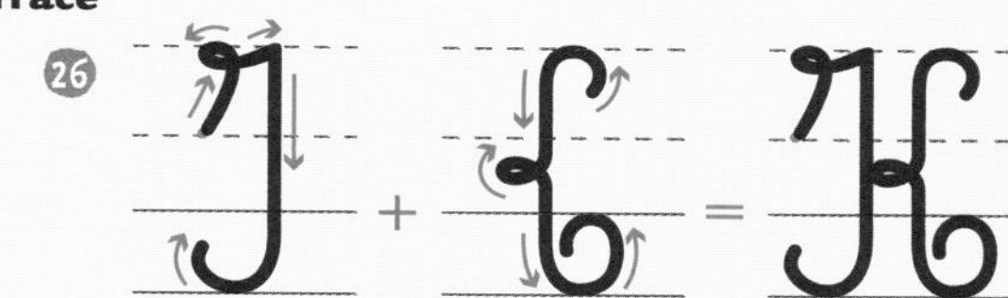

l l

ɑ ɑ

k k

k

k

ki

ké

ka

ko

K K

K

Ko

Ka

Kévin

Kenya

▶ **MÉTHODE BOSCHER** p. 51

■ La lettre q se trace en 3 fois.

Tracés 1 4 21

■ Majuscule : 1 mouvement.

q

q

qu que

qui quo

Q

Qu Qu

Quel Qui

Imprimé en France par Estimprim 25110 Autechaux
N° d'édition : 03580939-04/mai2022 – Dépôt légal : janvier 2020